AF288994

Schlaraffenland auf Nulldiät

ALFRED ILK

Schlaraffenland auf Nulldiät

Irdische und kosmische Gedichte

Bibliografische Information der Deutschen Nationalbibliothek:
Die Deutsche Nationalbibliothek verzeichnet diese Publikation in der
Deutschen Nationalbibliografie; detaillierte bibliografische Daten sind
im Internet über
http://dnb.d-nb.de abrufbar.

© 2009 Alfred Ilk
Satz, Umschlagdesign, Herstellung und Verlag:
Books on Demand GmbH, Norderstedt
ISBN: 978-3-8334-7140-7

Inhaltsverzeichnis

IV PFLANZEN SIND DIE LUFTERFINDER

V DAS GÖTTLICHE AQUARIUM

I

Das Wissen ist im Kern der Frucht

Den Apfel der Erkenntnis ass
der erste Mensch und merkte, dass
er nackt war im Vergleich
zu anderen im Haarbereich.

Es ist auch anzunehmen, dass
der Mensch den Apfel kultivierte
und weiteres Bewusstsein ass,
damit sein Wissen expandierte.

Das ging so fort, bis diese Frucht
auf Newtons Kopf mit Schwere fiel –
das hat er aufmerksam verbucht
in seiner Schrift mit Federkiel.

Gar viel hat dieses Obst im Kopf
an Sinn und Form zur Welt gebracht
und manchen unlösbaren Knopf
wie Alexander aufgemacht.

Dank sei Adam, Dank sei Gott,
dass er jenen Baum kreierte
und Verführung, statt Komplott
mit der Schlange konstatierte.

Man sagt und fabuliert,
dass sich vor Gott der Mann
mit Eva hätt' geniert,
weil er sich nackt vorkam,

wobei der Apfelbutz noch nicht
verdaut war und die Frau
die Schlange fragte im Dickicht,
was Wissen sei genau.

Da polterte schon Gott im Zorn:
„Das Paradies habt ihr verlor'n!
Hinaus mit euch! Cherub, heran!
Versperr' das Tor, verjag sie dann!"

Die Schlange zischte durch die Mauer:
„Die Strafe machte euch schon schlauer.
Das Wissen ist im Kern der Frucht:
Verpflanzt die Saat am Weg der Flucht!"

Adam ging nach der Vertreibung
aus den strahlensich'ren Orten
und noch weit'rer Einverleibung
tabuisierter Apfelsorten
lüstern süchtig, schlangenschlau
um die Welt und übers Wasser,
selbstbewusst und stolz wie Pfau –
seine Sünden, die vergass er!

Alle Gipfel, alle Tiefen,
auch die eisbedeckten Kappen
doktrinierte er in Briefen
als sein Eigentum mit Wappen.
Doch das kleine Paradies,
das er seinerzeit verliess,
fand er nirgends unterm Himmel.
Darum baute er den Schimmel,

der mit Flügel und Raketen
durch die Wolken und die Sphären
düst zu anderen Planeten,
wo noch Paradiese wären.
Um Seraphe zu besiegen,
konstruiert er Laserfliegen,
atomare Flugcontainer
kybernetischer Designer.

Noch hat Adam nicht verdaut,
was er mit dem Apfel ass,
wenn er jetzt nach oben schaut,
aber jenes Wort vergass,
das im Spruch der Schlange steht:
Auch das Böse wirst du sehen
so wie Gott, der vor dir weht,
unbegreiflich im Geschehen.

Als noch alles Gott war,
Tier und Baum und Stein,
Himmel noch ein Dach war
über Haus und Rain,

gab es Illusionen,
Gutes kam von oben,
wo die Richter wohnen,
die den Glauben loben.

Mit der Leere in den Räumen
und dem Zweifel an dem Zelt
können wir nicht weiter träumen,
sind wir auf uns selbst gestellt.

Grösser ist auch noch das Grösste,
das wir zu begreifen meinen,
und das Allerkleinste löste
nicht die Rätsel unsereinen.

Satelliten, Teleskope,
Elektronen, Instrumente
finden keine Biotope
im unendlichen Gelände.

Kein Willkommen auf der Reise –
ein beklemmendes Gefühl
im galaktischen Gehäuse:
immer mit letalem Ziel.

Auch Nietzsche hat noch Steinzeitaugen,
wenn er mit Zarathustra spricht,
wie sich die Sonne durch die Laugen
des Morgenrots aufsteigend bricht,

dem Tag, dem Genius zu leuchten,
dem Übermenschen zum Gesang
am Wege zu den Gott-Verseuchten
als Retter vor dem Untergang.

Und noch bevor er seine Reise
beginnt, beschreibt er auch die Kreise
des Sterns, wie er im Meer versinkt
und Licht der Unterwelt hinbringt.

Er schildert den Propheten gross
als Neuerer der Historie,
den Künder im Gedankenschloss
vom Göttlichen in Agonie.

Dreieck ist nach Platons Lehre
die Gestalt, von Gott erdacht,
als Geheimnis der Materie,
unvorstellbar klein gemacht.

Von den Polyedergrössen
bis zum Universum hin
machen diese Hypothesen
philosophisch einen Sinn:

Raumgedacht sind nur zwei Seiten
ohne Inhalt endlos leer –
drei vermehren Möglichkeiten
wie das H_2O im Meer.

Zahlenflug

Den Babyloniern dazumal
war Zwölf die Zauberzahl:

Sie teilten Jahr und Zeit damit, seitdem
kennt man das Schock- und Gros-System.

Für die antiken Griechen war der ausgedehnte
höchste Himmel auch der göttlich zehnte.

Mit Galilei begann man zu entdecken,
vor allem Monde und die Sonnenflecken:

Seitdem ist Elf als Zahl und Zeit
ein Phänomen der Wiederholbarkeit.

Vielleicht sind Zahlen alle irgendwie
geheimnisvoll und mystisch wie Magie.

So ist, wer zählt, nicht immer gleich
im kalkulierten Wunschbereich.

Das Einmaleins ist nicht genug
für einen Astronautenflug!

F > A = M < A

man sagt * on dit
man hat * on a
gehört * compris
schon oft * déjà
nur halb * demi
doch mehr * mais plus
gemeint * qu'en vue
als der * que lui
als die * que elle
gesagt: * a dit.

Wir tun halt so, als ob wir's wüssten,
wohin es geht, wozu wir sind:

Mit wolkenstürmenden Gerüsten,
Motoren für den Sonnenwind
demnächst die Trümmer aus dem All
gezielt zu hindern an dem Fall

zur Erde – diese zu verwüsten
vermögen wir ja selbst zumal.

Auch wenn wir alles
fast erklären können
und wie Götter imponieren,

mit Laserstrahl
den Stahl verbrennen,
mit Cyberspace das All regieren,

elektroskopisch in
Atome schauen und
am Mars schon investieren,

bleibt mit Respekt
zuletzt als Rest:
dass wir mortal nur existieren.

Kirmes 2050

Auf der Messe zu Hannover
kauft man sprechende Pullover,
von Balkonen singen Pflanzen
und verneigen sich beim Tanzen.

Vor dem Parkplatz für Ballone
liegt die blaue Raumfahrtzone,
dort vermietet man Kabinen
für die Shuttle-Flugmaschinen.

Sauerstoff und Raumtrikot,
angepasst im Schaumdepot,
inbegriffen auch ein Snack
ausserhalb des Schiffs an Deck.

Doch die Messesensation
ist das Buch mit Mikrofon,
das nach Readers-Digest-Art
kurz gelesen Zeit erspart.

Ohrenbücher sind jetzt in,
rezensiert von einem Dschinn,
der im Wind der Achterbahn
Einsteins Witz erklären kann.

Auf der Parkbank, im Café,
vor dem Kino, im Entree
des Theaters, im Museum,
in der Messe beim Tedeum,
im Gedränge auf den Strassen:
überall bekannte Nasen!

Die Gesichter im Detail,
überraschen oft dabei.
Dort der Mann mit dickem Bauch
hat die Stirn von Günther Jauch,
jene Frau mit breiten Rippen
hat dem Hitchcock seine Lippen.

Backen, Ohren, Augenbrauen
und die Eigenart zu schauen
sind an fremdesten Figuren
wie die Zeiger auf den Uhren:
Das Design ist wohl persönlich,
doch die Zeichen sind sich ähnlich.

Manchmal finde ich es komisch,
dass die Leute physiognomisch
so viel Ähnlichkeiten haben
und mit den ererbten Gaben
sich nicht besser mögen leiden:
lieber typisch unterscheiden.

Ach, der ganze Firlefanz
um den neuen Modetanz!
Auch der Tango seinerzeit
war moralisch Grund zum Streit.

Überhaupt boten die Leute
früher schon so gut wie heute,
ob beim Tanzen oder Streiten,
keine Sonderneuigkeiten.

Ausser, wenn man überdenkt,
wie man heute Waffen lenkt:
Denn das Töten und das Morden
sind viel sachlicher geworden.

Faustkeil, Messer, Axt und Keule,
Absicht, Wut und Kriegsgeheule
führten ein Gewissen ein,
wenn auch spät im Nachhinein.

Heute sitzt der Flugsoldat
– Überschall! – am Apparat,
klickt die Todesbomben aus
und erwartet Lob zu Haus.

Interessant ist dabei, wie
Menschen mit viel Fantasie
leere Räume leicht durchqueren
und sich neuer Feinde wehren.

Waffenlose Astronauten –
hört man immer schon verlauten –
sei ein Leichtsinn in den Weiten,
wo sogar die Sterne streiten.

II

HALLO GÄA, GUTES MÄDCHEN!

ERDGEBÄRDE

Dass die Erde kocht und bebt
und zu Zeiten Meere hebt
wie ein Strafgericht der Götter,
wie's in alten Büchern steht,
heisst nur, dass sie lebt.

Was versucht sie noch zu werden?
Die Geburt ist lange her;
und die stürmischen Gebärden,
Land zu bilden oder Meer,
sind uns kein Bedürfnis mehr.

Doch was will die alte Haut,
unter der es kocht und braut?
Innen ist ihr Herz noch heiss
und kein Geologe weiss,
wie man sicher auf sie baut.

Im Vergleich mit den Geschwistern,
die mit fertigen Gesichtern
wandeln durch den Sonnenwind,
ist sie ein autistisch' Kind,
dem wir ausgeliefert sind.

Damals

Als Saturn noch unterwegs war,
seinen Ring zu finden, und der
Mond dich floh und du beschämt gar
einen Schleier suchtest, unter
dem du deine pubertäre
Aknehaut verstecken wolltest,
kreuzte Uranos die Leere
ungestüm und angetan
vom Gemüt in deinem Plan,
Kind in einem Kleid zu sein.
Und er brachte, bunt bemalt,
dir den Schleier zur Gestalt
für den Tanz im Sonnenschein.

Damals war's ein Hochzeitkleid –
das verschleisst halt mit der Zeit.

Gäas Konfession

Ach, Uranos, ich muss gesteh'n,
seit Kronos ist gar viel gescheh'n –
Du liegst so brach, und ringsherum
bedroht mich schon das Vakuum,

dieweil mein Bauch verkabelt wird
von deinen Enkeln und verschmiert
mit Blut aus gärenden Organen
der Monster unter den Titanen.

Auch deinen wolkenleichten Leib
beschmutzen sie im Zeitvertreib
und husten in die blauen Lungen,
die mich so traulich einst umschlungen.

Und Staub und strahlendichte Drähte
durchziehen dich und viel Geräte –
du hast schon Löcher in der Haut,
verätzt vom Gas, das sie gebraut.

Ach, Uranos, du Unikum,
Beschützer vor dem Vakuum:
Verzeih der Kindeskinder Spiele
naiver Art als Astrophile.

ERDE, DU

Eingelullt in
deinen Taumel, in
dem du um die
Sonne rast,
träum ich, dass ich
mit dir baumel
wie ein Glockenspiel
am Ast.

Wie ein Läuse-
volk im Felle
schleppst du uns,
das Leben, mit,
auf die Reise
um die Quelle
der Galaxis
im Zenit.

Über allen Gipfeln hörst du
kaum ein Gebrumm
und die Zeichen dazu
fliessen ganz stumm.

Schreiben die Vögel aus Stahl
leise weisse Zeilen hin
wie dazumal das Memorial
mene tekel u-pharsin?

MITFAHRERFRUST

Wenn's einmal braust, sind es die Winde.
Wenn's heult und kracht, ist es der Sturm,
doch deinen Speed mit dem Gesinde,
mit allem in und auf der Rinde
verschleierst du dem Bücherwurm:
Mein Wunsch, dich rasend zu erleben,
ist Rechenspiel von Astronomen eben.

Nur manchmal, nachts, wenn dein Begleiter
sich in die hohe Rennbahn schweigt,
auf Überholspur immer weiter
als Scheinschablone östlich steigt,
bin ich bei deinem Lauf und dreh'
mich mit, bis ich die Sonne seh'.

Wenn sich die Berge wie verneigen
vor der Begegnung hin zum Licht
und plötzlich aus dem Schatten steigen
wie Felsen in der Meeresgischt:
Erleb ich fast den Kreiselritt,
den Turn im All als Auge mit!

Manchmal träum ich: Die Kometen
schweifen ehrfurchtsvoll durchs All,
um die Sonne anzubeten
wie die Könige beim Stall.

Manchmal scheinen sie zu halten
wie die Pilger auf dem Weg,
eine Andacht zu gestalten
mit globalem Privileg –

angetan von Gäas Farben
und dem Schleier überm Meer –
angesichts der heil'gen Narben
ihrer Opfer im Verkehr.

Und dann träum ich, dass Kometen
künftig schweiften durch das All,
um die Erde anzubeten
ohne Weh-Rauch und Kniefall.

Hallo, Gäa!
Gutes Mädchen,
pubertäre Kosmosbraut,
exquisites Torkelrädchen,
Unikum in blauer Haut:
sonniges Trabantenkind,
Meteor umworbenes
Hochzeitsziel im Sternenwind
für ein Ungeborenes!

Früh getraut
und jung vermählt
hast du vieles schon geboren;
dich bemüht und lang gequält
für die bess'ren Aug und Ohren.
Doch die Kinder deines Schosses
sahen nicht präzis genug,
fabulierten zwar Famoses
unbeirrt im Selbstbetrug.

Erst mit den
Prothesen fingen
deine Spätgeburten an,
in das All mit dir zu dringen,
raumbewusst auf deiner Bahn.
Hallo, Gäa, altes Mädchen,
elitäre Kosmosfrau:
Schenk uns noch ein Superstäbchen
in das Aug zur Astroschau.

Warum dürfen wir nicht glauben,
dass du uns erwartet hast
wie der Noah seine Tauben
nach der grossen Wasserlast?

Hast du nicht besorgt begraben
und vorausbedacht saniert
die monströsen Drachenschaben
energetisch konserviert?

Übermass in Kraft verwandelt
wie die Glucke auf den Eiern,
hoffnungsvoll mit Zeit gehandelt,
um mit neuer Brut zu feiern!

Ist nicht dein Gebären stark,
unablässig wunschbedingt,
selbst zu sein im Lebenspark,
wo man um Bewusstsein ringt?

Augen, Ohren, alle Sinne,
die du generös verteilst,
selbst zu haben mit Gewinne,
dass du spürst und siehst und weilst:

Einmal aus dem Taumel tauchen,
wünsch ich dir, rasante Fee,
alle diese Sinne brauchen,
die du schenkst für Freud und Weh!

Hast vielleicht zu viel erwartet –
dein Geschenk aus Tier und Baum
pufft die Brut ins All und startet
silberblickend in den Raum.

ERDSINN

Auch wenn der Frühling dich bekleidet
mit Blüten, die du selbst getränkt:
Du hast kein Auge, das sich weidet,
von einem Gott dir selbst geschenkt.

Du treibst dahin im Jubelschauer:
Was ist, vergeh! Ein Neues sei!
Bist taub den Nöten, stumm der Trauer,
hast auch kein Herz dem Leidensschrei.

Ich sitze zwischen deinen Haaren
und trommle dir mein Auge ein:
Es will mit in den Winter fahren
und träneneingefroren sein.

Ist der Sog
zum schwarzen Loch
vielleicht ein Pilgerziel,
nach dem vom Urknall an
sich alles sehnt,
zu dem sich wie im Spiel
die Zeit hindehnt,
das Licht hinbeugt,
ganz neu sich zeugt
und angekommen sieht?

Ich frag ja nur,
weil es mich auch hinzieht.

Ist der Weg
irrlichterleicht,
ein Taumelpfad,
ein Urinstinkt,
aus dem vielleicht
die Sonne trinkt
und ausgebleicht
ins Schwarze sinkt,
bereit zur Agonie?

Ich frag ja nur,
man weiss ja nie.

APEXIADE

Etwa, meint der Astronom,
achtzehn Male circa schon
machten wir die Reise um
das zentrale Fluidum
der Galaxis und bekamen
manches ab in Gäas Rahmen.

Abgeseh'n vom Staub der Sterne
zur Belebung uns'rer Kerne
trafen uns massive Keile
explodierter Weltraumteile.

Nun sind wir zum Apex wieder
auf dem Zodiak in Fahrt
im Gefolge ast'roider
transzendenter Pilgerart.

Gäas Kinder evolvierten
zu Experten im Orbit,
Astronauten sind die Hirten
und bewachen den Zenit.

Kybernetikarmaturen
überprüfen fremde Spuren,
atomare Raumhaubitzen
sollen uns vor UFOs schützen.

Wenn uns nicht beim Exerzieren
kleine Fehler noch passieren
und das Raumschiff havariert,
zum Appendix reduziert.

Das Ewig-Weibliche zieht mich als Mann
mitunter auch herab, nicht nur hinan.
Vor allem fehlt mir jüngst dabei
die Himmelsfahrt zur Sakristei,
das Gretchen auch, das meinem Geist
wie einem Blinden Sicht erweist –
und auch der Blick zur Gloriosa,
der Göttlichkeit à la Spinoza,
nach oben hin (hinan) ins Blau
ist nur getäuschte Augenschau.

Erschreckend ist darob die Leere,
was Himmel war, ist ohne Sphäre:
zuweilen eine Bahn für Darts
mit Pfeilen aus Raketenstarts.
Gewiss, man sucht in Gäas Hain
die Richtung und den Sinn im Sein.
Darüber und daneben hirnen
die Heinriche nach den Gestirnen,
die wie die Erde weiblich wären
und mütterlich besorgt gebären.

Dass sie dabei in Gäas Gärten
undankbar ihre Zeit bewerten
und die Geburt in ihrem Reich
nicht voll geniessen und zugleich
das Ewigsein beseelt auf immer
verschieben in ein Astrozimmer,
ist schizophren und widerspricht
dem Stirb und Werde im Gedicht,
das Heinrichs Vater auch geschrieben:
und ist damit untot geblieben.

GAU-Gedanken

Apokalyptisch ist das nicht,
wenn kein Gott das Urteil spricht,
wenn der Mensch aus eigner Kraft
insgesamt den Blackout schafft:
den Ballon Evolution
platzen lässt durch Expansion.

Noch bevor sich Gäa ganz
unter ihrem blauen Kranz
als Planetchenbraut gerichtet,
ordentlich die Berg' geschichtet,
auch das Meer, Orkan und Wetter
endlich folgten nach Gezeter,

strafte sie die Menschenbrut
pubertär im Übermut,
trübte ihren blauen Himmel,
überzog die Haut mit Schimmel!
Fiebrig reagierte sie
und verfiel in Agonie.

Schade um die schöne Braut,
denkt der Mond im Staub und schaut
sich nach dem Erwählten um
auf dem Weg im Vakuum.
Irgendwann wird sie gesund,
wieder blau und fast ganz rund:
ohne diese Extrabanten,
die sich Göttertiere nannten!

Die Motoren surren leise –
nur noch Krach vom Gletschereise
und das Donnergrollen bringt

Lärmpegel-Erinnerung
an die Zeit der Explosionen
eingebauter Kraftkanonen,

an den Überschall, den Sprung
mittels Schub und Knalleffekten
in modernsten Flugobjekten,

an die Autobahnvignetten,
mit und ohne Abgastest,
unbegrenzt mit Krach zu jetten
Tag und Nacht zum nächsten Fest.

Fast mit Wehmut denken manche
(meistens Hals- und Ohrenkranke)
an die laute Zeit am Globos
unter dem Regime von Phobos.

III

Der Kopf im Koffer

Das war wieder so ein Tag,
wo kein Plan in petto lag.
Überrascht vom Sonnenschein
fiel mir plötzlich etwas ein:

Dachte an den Stress am Strand,
an Sandalen voller Sand,
und an das vergess'ne Buch
beim Kiosk im Fettgeruch.

Liess daher als Altruist
die Sonne steh'n, so schön sie ist,
machte mir's daheim bequem –
ohne Sand und Strandproblem.

Die Fata Morgana,
das Luder im Sand,
die Perlen aus Ghana,
das Rekeln am Strand,

die lüsternen Lippen
am Glas im Lokal,
Karibik und Strippen
im Sexarsenal:

versprochene Ziele
gejagt und verfehlt,
das Boot mit dem Kiele
nach oben gequält,

das Reiseerlebnis
mit zig Illusionen –
ein Bilderbegräbnis
profaner Passionen.

Im Herzklopfrhythmus Blut verspritzt –
ein masochistisches Gefühl
mit Seneca-Gedanken:
im paranoischen Kalkül
die Nero-Ader angeritzt
beim Öffnen einer blanken
Sardinendose mit Besteck
vom Zeltnachbarn ums Eck.

Mit Blaulicht ins Spital geflitzt,
nachdem die off'ne Wunde schon
vom Campingwart am Platz
mit Pflaster und Verband geschützt.
Der Sani rief per Telefon
nach Blutkonserven als Ersatz.
Der Notfallarzt beschwichtigte die Szene:
Kein Aderlass! Nur eine grosse Vene.

Übermut tut selten gut,
höhnte es im Ohr,
als ich ohne Rock und Hut
unterwegs ein wenig fror.

Auf dem Platz vor dem Theater
blies der Wind mir durchs Gewand,
bis ich glücklich für Paul Sartre
einen Klappsitz noch erstand,

endlich warm und in Erwartung
griechischer Mythologie
neuer zeitbewusster Artung
und entsprechender Regie.

Bis zur Pause waren Rache,
Muttermord und das Gewissen
eine altbekannte Sache,
doch ich musste öfter niesen.

Gegen Ende hatt' ich Fieber
und ich hustete hinaus.
Die Katharsis wär' mir lieber
als Katarrh im Bett zu Haus.

Wüsten voll blutiger Büsten,
steinern, doch im Tod nicht lahm,
lauern hinter den Pupillen,
gähnen mich in Nächten an.

Noch im Dämmer grölen Rachen,
niesen Nasen Feuer aus,
kämpf ich gegen Gorgodrachen,
splitternackt als Bruder Klaus.

Wo ist das Ferment der Zeiten,
das den Schleim im Ich verdaut?
Möchte übers Wasser schreiten –
doch die Tage sind zu laut.

Die Synapsen und Neuronen
ohne Ethos und Moral
aus dem Unbewussten klonen
Ungesetzliches zur Wahl:

Wellensegler mit Gefühl
für moralische Begriffe
sind wie Surfer um die Riffe:
havariert und ohne Kiel.

Quantensprünge im Gehirn,
autochthone Blitzbefehle
aus dem Unbewussten führ'n
Küchenmesser an die Kehle

oder bauen mit den Gasen
schaumgefüllte Blasenstuben,
dekoriert mit Schlangenvasen
aus der Werkstatt der Inkuben.

Für alles, was man gerne mag
Gibt's immer gute Gründe.
Das Leben ist ein Kaufvertrag
mit Ablass für die Sünde.

Im grossen Ganzen steht geschrieben:
Du sollst dich selbst wie andre lieben.
Im Kleingedruckten aber liest man,
dass jenes schwieriger sein kann.

Ein gutgeschulter Advokat
erklärt die Absicht jeder Tat,
befreit die Schuld von Seelensünden
mit pränatalen Psychogründen.

Abgesehen von den Jahren,
die uns viel zu langsam waren,
weil die Älteren schon durften,
was wir bei Verbot umkurvten,
war die Zeit der Pubertät
Schlaraffenland auf Nulldiät.

Heu hing vor des Esels Nase:
Das Versprechen von Ekstase
trieb uns an, wie dirigiert
und am Gängelband geführt
lechzten wir nach unser'm Fatum
und dem nah-finalen Datum.

Endlich frei im Stadion
war der Kampf im Gange schon,
und wir Debütanten wurden
eingeweiht in die absurden
Regeln der globalen Welt,
wie man sie lokal bestellt:

Tricks und Drehs und Kompromisse,
Korruption und falsche Schmisse
im entgötterten Parnass
mit und ohne Vaterpass.
Flüstern, Murren, Protestieren?
Das macht Steine nur in Nieren
und entsprechende Koliken
den gemobbten braven Dicken.

KINDERLIED

Wenn ich gross bin, liebe Mutter,
werd ich alles für dich tun,
übergeb ich dem Computer
deinen Stress um dich herum.

Das Ozonloch soll er heilen,
den Atommüll betonieren,
alles Wasser gut verteilen
und die Slumluft ventilieren.

Multikulti ehr'n und achten,
auch die Steine sprechen lassen
und das Seltenste betrachten
zum Erhalt der vielen Rassen.

Wenn wir gross sind, liebe Mutti,
dreh'n wir dir das Karussell –
du geniesst dann alles tutti
am erneuerten Gestell.

Mutatio Mundis

Zweiköpfig ist man heutzutage
am Arbeitsplatz und auch zu Haus:
Der eine löst des andren Frage
gleich elektronisch mit der Maus.
Den Code zuerst, danach ein Link
auf das Problem, der Printer druckt
im Layout klar das Denkprodukt.

Der eine Kopf, am Hals noch, lacht:
Das hat der andre gut gemacht!
Was im Computer alles steckt,
von vielen Köpfen ausgeheckt,
in einen Kopf dann implantiert,
vernetzt, codiert und raffiniert
in einen Koffer umplatziert!

So ist der Kopf im Koffer dann
der zweite Kopf global am Mann,
natürlich haben Frauen auch
den Kopf im Koffer in Gebrauch.
Selbst Kinder spielen gern Computer
und kompensieren Va- und Mutter.

Die Menschheit hat, ad hoc mutiert,
die Denkprozesse potenziert.

Früher, als ich Briefe schrieb
mit Herzblut und Allüren,
da konnte ich den Postbetrieb
im Zeitmass kalkulieren.

Jetzt schreib ich E-Mails, digitale,
mit Fragen und Berichten
und bekomm die temporale
Antwort oft mitnichten.

Im PC rauscht das Kühlsystem,
sobald ich ihn gestartet,
ich sitz davor und muss gesteh'n:
Ich habe mehr erwartet.

Lange Weile
ist ein Zustand ohne Eile.

Das „lang" mit „e" bedeutet mir
Gemächlichkeit im Jetzt und Hier.

Ohne „e" ist „lang" mit „weilig"
nur dem Phlegma heilig.

Von Walther bis Rodin

Bei Walther war'n der Kopf, die Wange
noch sanft in seine Hand geschmiegt,
als er am Stein sass und *vil lange*
den Sinn wog, der in Dingen liegt:
Dass weltlich Gut unehrbar sei
und Gottes Huld dazu nicht passt,
solang Gewalt und Heuchelei
mit Habgier unser Recht verfasst.

Der Walther-Kopf ist schwer geworden,
jetzt stützt ihn eine Bronzefaust.
Gewalt und Habgier und das Morden
von Golgatha bis Holocaust
und weiter bis Hiroshima,
mit Star Wars bis ins Raumklima,
bestätigt Walthers Sicht am Stein:
Das kann mit Gottes Huld nicht sein.

Jedes Tier verteidigt seins
und will halten, was es hat.
Gütig teilen – das tut keins,
frisst erst mal sich selber satt.

Erst mit Brut wird Egoismus
umgeformt in Altruismus.
Das ist limbisch allen Wesen,
um zu leben, eingelesen.

Durch den Neocortex haben
Menschen zudem weit're Gaben:
Mit der Angst, es könnt' nicht reichen,
fressen sie auch ihresgleichen,

sind gesättigt noch voll Neid,
unbekümmert um das Leid.
Was sie haben, wird vergrössert,
was genügt, wird noch verbessert,

wer besitzt, will noch zudem
ein Legat für sein Problem.
„Neocortex! Bist im Schädel
überm Limbus auch nicht edel!"

IV

PFLANZEN SIND DIE LUFTERFINDER

Skarabäen

Der Mondhornkäfer in der Puszta
ist ein bekannter Kugelschuster:
Er liebt die Fladen auf den Wiesen
und rundet jene unter diesen.

Die Pusztabauern und die Schäfer
verehren drum den Kuhmistkäfer.

Geehrter noch sind Konstruktionen
des Käfers bei den Pharaonen:
Die haben ihn zum Gott erkoren,
obwohl er aus dem Kot geboren.

Zwei studierte Hasen lachten,
als sie die Entdeckung machten,
dass im Himmel über ihnen
Züge sind auf Wolkenschienen.

Sie erforschten das genau,
referierten es im Bau:
Jene Geier mit den Strassen
kann man ruhig fliegen lassen!

Der Senat der Hasen ehrte
die zwei Jungen wie Gelehrte
und beschloss: Die Astronomen
soll'n den Hoppelpreis bekommen!

Seither liegt das Paar am Rücken
und studiert das Firmament
mit besonderem Entzücken
und verwöhnt vom Parlament.

QUALLENBRUNFT

Karpfen laufen über Strassen,
Hechte jagen hinterher,
Schlangenhäute blüh'n aus Vasen,
Marzipanuhr tickt nicht mehr.

Aale tanzen Rock und rollen,
Kraken spiel'n die Percussion,
Synthesizer, wenn sie wollen,
knochenfrisch und polyfon.

Seegras zwitschert, Binsen säuseln,
Schilfe schleifen Rhythmus mit,
Barsche, die sich Bärte kräuseln,
flossen völlig aus dem Schritt.

Wind kommt auf und Böen fallen
überraschend in die Schar.
Giftig brüsten sich die Quallen:
Das ist alles gar nicht wahr!

PFLANZENAUGEN

Die taube Nessel macht
der brennenden das Outfit nach.

Die Ragwurz blüht
vergleichbar einer Hummel auf.

Sie braucht kein Sehorgan,
das Imitat zu bilden.

Die Menschen werden blind,
wenn sie zur Sonne schauen,

doch Pflanzen trinken dieses
Gleissen und verbergen

ihre Augen wie
ein blindes Malgenie.

Pflanzen sind die Sonnenkinder
und die Ammen aller Tiere.
Pflanzen sind die Lufterfinder,
stationäre Lichtvampire,
trachealische Transformer
in dem grünen Lungen-Corner:
Aus letalem CO_2
setzen sie Ozone frei.

Mit den Augen subkutan
schaun sie keck die Sonne an,
stellen ihre Blätter auf,
je nach Wind und Wetterlauf,
duften, täuschen und verführen
mit dem Blüten-Sex-Appeal,
locken mittels Farballüren
Krabbliges zum Liebesspiel.

Mit dem Wurzelwerk im Boden
oder auch in tiefen Teichen
variier'n sie Zapfmethoden,
Salz und Wasser zu erreichen.
Und zum festen Stand der Kronen
ankern sie in harten Zonen,
wo sie mit den Pilzen lüstern
handeln und nach oben flüstern.

Pflanzentod ist Euphorie,
duftend noch in Agonie.

Wann wird der nächste Herr zum Gott
erhoben, so wie seiner Zeit,
als man mit einem Daumen-Spot
den Tod befahl in Spiel und Streit.

Vielleicht macht man ihn feminin,
doch das erinnert an Inzest,
an Ödipus in Mutters Knien,
an Horrorklacks im eignen Nest.

Das gold'ne Kalb und der Konsum
sind systematisch schon bestellt,
und hör ich recht, ist wiederum
kein Moses-Priester unterm Zelt.

Und weil man überm Dach nichts fand,
nur Leere statt Apotheosen,
bekennt man sich mit dem Verstand
gottlos und zu den Vaterlosen.

Von Pflanzen will man gar nicht wissen,
wie diese Schutz und Sorge schätzen
und flüsternd Luft und Licht geniessen,
mit meiner Haut sich ganz vernetzen.

Sie hauchen noch in Agonie
den Lebenssinn euphorisch aus.
Hosianna tönt durch Elegie
und Heiterkeit durch Moderschmaus.

Bionik

Den Streuer hat der Mohn erfunden,
den Flugschirm wohl der Löwenzahn,
für den Pokal zu schönen Stunden
nimmt man als Vorbild Kelche an,
aus denen lang vor uns Insekten
den Nektar aus den Blüten schmeckten.

Das Fliegen, Gleiten, Landen, Segeln,
und andres lernten wir von Vögeln –
vielleicht sogar das Musizieren,
das Weben, Töpfern, Konstruieren.

Der Skarabäus demonstriert,
wie die Welt vor Gott rotiert,
die Spinne zeigt mit Netzen an,
wie schlau man etwas fangen kann,
und von den farbigen Korallen
kopieren wir die besten Fallen.

Von manchen Pflanzenkonstruktionen
nimmt Baukunst ihre Proportionen –
und schliesslich sind von Pinguinen
die Formen unsrer Limousinen.
So ist die Technik der Kultur
ein Meisterschüler der Natur.

Um noch schneller wegzukommen,
koten Vögel vor dem Start.

Turbos und Raketen frommen
solcher Art zum Weiterkommen
permanent nach Vogelart:

Kerosin für das Getriebe,
Wasserstoff für das Geschiebe
von der Startbahn zum Orbit:
Peristaltik mit Cockpit.

Das Wandern war auch meine Lust
in jugendlichen Tagen –
doch pausenlos und zielbewusst,
das hab ich zu beklagen!

Ich rastete nie an dem Ort,
wo Kräfte mich berührten.
Es zog mich immer fort und fort,
so weit die Beine führten.

Ich suchte nach dem Schatten nur
des Baumes und genoss
die Aura nicht, die der Struktur
von Stamm und Ast umfloss.

Ich sammelte die Steine auf
und brachte sie nach Hause,
erforschte ihren Lebenslauf
vom Gletscher bis zum Stausee.

Nur einmal hielt mich irgendwas
zum Stehen und zum Staunen,
als senkte sich ein grosses Glas
auf ein verstummtes Raunen.

Es fiel mir eine Kirche ein
mit einem hohen Chor –
es konnte auch ein Tempel sein,
es rauschte wie im Muschelohr.

Ich träume noch von diesem Feld,
wo mich die Kraft berührte,
wo ich die Strahlung dieser Welt
auf Wanderschaft verspürte.

In einer Raureifnacht

Der Rohrflötenton
aus dem Fenster
lehnt mich an die
Laterne vorm Haus.

Am Zaun und im Gebüsch
tanzen Gespenster,
gefiederte, zur Melodie.
Der Raureif flockt Applaus.

DIALEKTE

Hunde bellen oder knurren,
Katzen jammern oder schnurren,
Vögel singen, jubilieren
in erkämpften Nestrevieren.

Schweine grunzen, Igel schnarchen,
Affen schrei'n wie Patriarchen.
Von Delfin und Wal in Meeren
sind Gespräche gut zu hören.

Und von Bienen, nicht zuletzt,
hat man Tänze übersetzt.

Alles spricht auf seine Weise,
laut, verfremdet oder leise,
auch mit Syntax und grammatisch,
polyfon choreografisch:

Knurrend, schnurrend, jubilierend,
schnarchend, schreiend, musizierend
feiern alle Kommunion,
je nach Art und Induktion.

Ja, es war beim Cup-Finale
vor dem Matchball in Paris,
als l'Umpire zum x-ten Male
Fans zur Ruhe bitten liess:
Bleiben Sie auf ihren Sitzen!
Stellen Sie ihr Handy ab!
Und er machte sich Notizen,
noch bevor er Zeichen gab.

Seit drei Stunden kämpften schon
die zwei Millionäre
vor dem Volk im Stadion
um die Siegerehre.
Links vom Netz die Nummer eins,
vis-à-vis der neue Star,
Wunderkind des Sportvereins
und der Neuling dieses Jahr.

Doch mit Ballwurf vor dem Schlag
zögerte der Spieler lang,
weil an dem schon späten Tag
eine Amsel plötzlich sang.
Und sie schmetterte ihr Lied
wohlbekannt, doch prolongiert,
bis das Publikum entschied,
dass heut keiner mehr verliert.

Oder weil die Schattenflecken
auf dem Platz im Centre-Court
die Markierungen verdecken –
und der Umpire war d'accord.
Der Applaus war unermesslich:
à demain! am Mikrofon.
Nur die Amsel selbstvergesslich
blieb und sang im Stadion.

Die Lerche steigt
und singt dabei ins Vertikale
zum Pol der obersten Spirale,
wo sie die Flügel breitet und
in Ringen wieder niedersinkt.

Die Lerche zeigt,
dass auch der Drang mit aller Kraft
und Lust hinauf nur jener schafft,
der eine Grenze estimiert
und im Erreichten selig wird.

Was hat uns der Vogel voraus?
Das Fliegen natürlich und immer ein Haus,
perfekt und architektonisch:
„Le dernier cri" und wetterharmonisch.

Und seine Lieder in Gärten und Fluren,
genetisch vererbte Partituren,
phonetische Lyrik, sprachlich codiert,
vollendet in Arien transformiert.

Dagegen sind Worte nur Kleckse am Blatt,
Versuche, den Brustton zu schreiben,
den so ein Vogel im Kehlchen hat,
um Sänger der Welt zu bleiben.

Vokabularium

Erst als zwischen Konsonanten
die Vokale ehrbar standen:
A und E, O, U und I,
gab es Klang und Melodie.

Nonvokale Zeichen deuten
Mystiker und Hermeneuten,
rezensieren Partituren
alphabetischer Kulturen.

Kannte Adam schon ein Lied,
als er Tiere unterschied,
ihre Namen sprach? Und sang er
Eva vor auf Edens Anger

aus der Schöpfungsharmonie
A und O und E und I?
Oder blieb den beiden U
solamente aus dem „Du"?

Was gewiss das erste war,
kabbalistisch im Sohar:
Du, Du, Du, Du, Du, Du, Du
immer mit und Gott dazu.

Lass dich tragen!
Wenn du keine Flügel hast,
stell vom Anorak den Kragen
auf und zieh die Beine ein
wie Albatros die seinen fast
dem Wind verschenkt, um leicht zu sein.

Spann dich auf und
grüss die starken Elemente
über diesem schweren Grund!
Lege dich vertrauensvoll
in die Lüfte und verschwende
dich ans Licht wie ein Apoll.

V

Das göttliche Aquarium

Auch für Zeus
gab es nur oben
oder unten als Gesicht,

das bewegte
Weltumrunden
begriff selbst der Kronide nicht.

Borgte sich zum Flug den Adler,
schwamm mit Stierkraft
durch das Meer,

war ein Neider und ein Tadler
Herdbeschenkter
um ihn her.

War ein Lüstling
seiner Zeit,
freute sich am Krieg,

bis die Menschheit
in sein Kleid
selbstverblendet stieg.

SISYPHOS

Oh, dass in diesen Marmorblock,
der wieder in die Tiefe rollt,
ich meisseln könnte: Zeus, der Bock!
der Aegina als Aar geholt
zur Insel seiner Lüste:
damit die Welt es wüsste.

ORPHEUS UND PERSEPHONE

Was bewog das Herrscherpaar
auf dem Thron im Schattenreich,
diesem Mann mit goldnem Haar
und dem goldnen Kehlkopfton
jene Reise zu gewähren,
wie Legenden uns belehren?

Persephone war seinerzeit
bei Apollos Sängerstreit
auch dabei am Fest der Freien,
wo mit Lyra und Schalmeien
Orpheus' goldner Stimmenklang
tief ins Herz der Kore drang.

Angetan von diesen Tönen
(längst zurück im grauen Reich)
bettelte sie unter Stöhnen
um ein Fest am Letheteich:
„Diesen Sänger will ich hören
unter unsren Schattenchören!

Lass erst Eurydike sterben,
Hermes dann den Sänger führen
zu dir, Hades, um zu werben
liebestoll mit Liedallüren,
die selbst Kerberos bezwingen
und in Charons Ruder schwingen!"

Und er kam, der so Verführte,
übern Acheron, den Tränen-
fluss vermehrend und er kürte

metaphorisch all sein Sehnen
in dem Zauberklang der Kehle
zum Gebet um ihre Seele –

und gewann mit dem Gesange!
Hades selbst gefiel die Klage.
Er gewährte ihm die lange
graue Reise unter Tage,
ohne Rückblick auf den Schatten
seiner Gattin zu gestatten.

Ob dem Götterpaar zum Danke,
ob aus Angst um sein Geschick,
dieser Held, der liebeskranke,
wendete den Kopf zurück:
Und er sah zum letzten Mal
sein Idol im fahlen Schal!

Schreie quälten Orpheus' Stimme,
Scham vertauschte er mit Grimme
und zerbrach an Charons Fluss
seine Lyra im Verdruss,
denn der Sorgenblick zurück
raubte ihm erneut sein Glück.

Und die Welt um ihn war wieder
disharmonisch ohne Lieder.
Wild und laut erschlugen Faune
und Mänaden jede Laune
sublimierter Elegien –
Orpheus' letzte Melodien.

Janus

Dieser Kopf mit Charisma,
der mit seinen zwei Gesichtern
an Silvester Jahr um Jahr
vorwärts und nach hinten schaut,
war ein Krieger offenbar,
für die Römer Gottgestalt,
auch bedacht auf Hinterhalt.

Für Barbaren aber Ziel
ihrer Waffen aufs Profil.
So ward Janus schwer getroffen
und das Forumstor blieb offen.

Nichts Neues, sagte Salomon,
sei unter dieser Sonne mehr
zu finden, denn er hatte schon
Exoten aller Art und sehr
gescheite Leute im Palast
studiert und gründlich aufgefasst.

Der Prototyp, von Gott kreiert,
wird in der Welt von allen Arten
und Dingen launisch variiert –
im Groben derb und fein im Zarten.
Das Wesentliche bleibt erhalten,
drum ist das Jüngste schon im Alten.

Auch wenn der Mensch das Fliegen lernt
mit Überschall und Raumraketen,
ist Cherubim nicht weit entfernt
als Archetypus anzubeten.
Denn der war immer schon vorhanden,
mimetisch und in Varianten.

L'Artisan Primeur

Gott, der Raummechanikus
kreierte noch vor Ladenschluss
das Paar nach seinem Bilde,
bevor er sich die Hände wusch
und in den Spiegel schielte.

Dann zog er sich zurück
und spannte zwischen Bäumen
ein Ruhebett mit Überblick;
er wollte nichts versäumen
und stolz geniessen sein Geschick.

Nach einem kurzen Schlummer
bemerkte er mit Kummer,
dass Adam seine Hände
nicht zum Gebrauch verwende,
da sagte er: „Du Dummer!

Für was gab ich dir Finger
und Feingefühl für Dinger?
Du frisst ja aus der Faust,
mit der du um dich haust,
anstatt du etwas baust."

Doch Adam mit der Frau
verstanden nicht genau
und watschelten mit Tieren
auf zweien wie auf vieren
und protzten wie ein Pfau.

Da liess Gott diese Tauben
vorerst in ihrem Glauben,
befahl jedoch dem Haar
auf Köpfen von dem Paar
zu wachsen dicht wie Hauben.

Wie blind tapsten die beiden
im Garten und auf Weiden,
verhängten sich in Ästen
mit wehbetonten Gesten
und mussten lange leiden.

Bis einmal Adams Weib
nur so zum Zeitvertreib
zum Lausen ihren Schopf
anbot und er den Zopf
erwurstelte am Kopf.

Die Hände waren endlich
der Kreatur verständlich.
Nach Gott, dem Kreateur,
war Adam als Friseur
l'artisan primeur.

ARCHE-NASE

Alles Flossenlose kam
binnen vierzig Tagen um
und es trübte sehr infam
das göttliche Aquarium.

Aus den Leichen stiegen Gase
bis in Noahs Arche-Nase.
Penetrant war der Gestank
bis zum Himmel – Gott sei Dank –,

so dass Gott Noah versprach,
nie mehr käme solche Schmach
über Land und Menschensünden
und der Bogen soll's verkünden.

Denn solang das Sonnenlicht
sich in Regentropfen bricht,
sei die Welt im rechten Lot,
nicht vom Strafgericht bedroht.

Manchmal doch in letzter Zeit
scheint der garantierte Bogen
wie verblasst, verstaubt, verbleit
unter trüben Firn gezogen.

Ein Gott müsste beleidigt sein,
wenn es ihn geben sollte:
Die Kinder schlafen mit ihm ein,
und danken für das Selbst-Gewollte.

Auch für den Traum vor dem Erwachen,
in dem sie hohe Türme machen,
den Engeln ihre Kunst abkaufen,
wie Schatten durch das Licht zu laufen.

Und weil die Erde nicht genügt,
sind sie im Himmel erst vergnügt,
dort suchen sie (man glaubt es kaum!)
sich selbst exotisch neu im Raum.

Mit Luftrucksack und Beutelbrot
und Flügelkraft am Sphärenboot
entfalten sie utopisch Pläne
für Spiele in der All-Domäne.

Vom Traum erwacht erzählen sie
von Aliens der Galaxie.

Chassidisch Schweigen ist Gebot
bei Gesprächen über Gott.
Mit Symbolen und mit Zahlen
aus den mystischen Annalen
werden Zeichen transformiert
und in Bildern figuriert.

Geist und Zahl in Konsonanten,
ohne Laute wohlverstanden,
aus geschenkter Partitur
überirdischer Natur
lesen weise Exegeten,
während sie im Stummen beten.

Erst nach langem Meditieren,
In-sich-Hören und Probieren
werden Stimmen komponiert,
variiert, phonetisiert.
In der Coda liegt der Code
reziprok als Angebot.

Schauen, beten, singen, tanzen,
Wortgefüge in Romanzen,
Melodien, die dem Denken
Liebe und Verehrung schenken,
bis die Zweiheit in der Zeit
einig wird in Lauterkeit.

Nur Melodie ist polyglott:
von Ich zu Du
von Du zu Gott.

Ein Wort dazu
befremdet schon
und leidet in
der Translation.

Horror Vacui

Wenn der Zen-Buddhist versinkt,
bis die Leere in ihn dringt
und dazu ihm noch gelingt,
dass die Leere von ihm trinkt,
auch die Hülle so vergeht,
dass kein Inhalt mehr besteht,
dass kein Fluidum rundum,
nur das reinste Vakuum
wie die Ätherwelt im All
ohne Ton und Widerhall,
nur noch Raum, infinitiv:
wird das Nichts, das in ihm schlief,
auferweckt und aller Schein
ist befreit vom Schweresein.

Manche nennen's Hysterie
oder Horror Vacui.
Angst vor Euphorie?

Ein Zweifler kann beim Essen
die Sättigung vergessen
und mit Unbehagen
noch bei vollem Magen
„Was gibt's morgen?" fragen.

Ein Zweifler kann beim Gehen
die schöne Welt nicht sehen,
weil er den Weg studiert,
ob er auch gut planiert
nicht in die Irre führt.

Wenn Zweifler sich verlieben,
sind sie von Angst getrieben,
Gefangene zu sein,
drum bleiben sie allein.

Ein Zweifler kann nicht träumen,
er schläft nicht unter Bäumen
und meidet Blumenwiesen,
um nicht bedrängt zu niesen.

Und so zweifelt er an allem,
auch an Gott und Wohlgefallen,
lebt im Zwielicht und in Krisen,
kann das Leben nicht geniessen.

Bajuwarisch heisst der Zweifel
In Figura Armer Teifel,
krüppelbeinig, dürr und hager,
was es nicht gibt: mag er.

Die Ballade von dem Meister
und dem Harry-Potter-Typ,
der den Besen immer dreister
mit dem Zauberstab betrieb,

ist phonetisch schon prophetisch
und genetisch imposant:
wie der auferweckte Fetisch
Menetekel nicht verstand.

Was wohl, wenn der alte Herr
länger ausgeblieben wäre,
wenn kein Spruch und kein Geplärr
hätt' gestoppt die Kehrschimäre,

bis Kaskadenbesenknechte
Balustraden übergossen
und die Wasserwehrgeflechte
von den Wogen überflossen?

Meister, hilf aus dem Schlamassel!
Auch der Schlossbergpark in Kassel
ist schon Teich mit Archenauten,
die dem Lehrling einst vertrauten!

Freitag war nach Robinson
primitiv und autochthon,
kannte nicht das Brot der Bibel –
die Natur war seine Fibel.

Als er dann nach England kam
zum verwöhnten Robinclan,
fehlte ihm die Inselzwiebel
und der Wind um Londons Giebel.

In der Nacht zum Sonntag stahl
Freitag einen Overall,
Segelboot und Proviant
und verliess das Engel-Land.

Auch Gott und Liebe
sind nur Worte
aus dem Eisbergbauch,

die über aufgetaute
Kehlkopfborte
gleich einem Hauch

in dem Meer der Sprachen
Inhaltsillusionen machen –
wie ein Wurstsalat

geschnetzelt und dressiert,
der seine Haut geopfert hat,
damit er polygusto wird.

KONFESSION

Zugegeben, Deinetwegen
haben wir gebaut:
nicht nur Mauern
und Kanäle
auch die Dome,
Tempelsäle
und Altäre,
Dir zur Ehre –
Dich dabei nie
angeschaut.

Fromm gehorsam
und asketisch,
konsequent mit
jedem Fetisch:
Mordeten und
rissen wir
so bezeichnetes Profanes
Deiner Exegeten
und Propheten
mit Brevier vom
Schinderhannes.

Mea culpa im Plural
von der Erde bis ins All!